I0155094

8° Yth
15146

RAOUL
SIRE DE CRÉQUI,
COMÉDIE

En trois Actes et en Prose, mêlée d'Ariettes;

Par M. MONVEL.

Musique de M. D'ALAYRAC.

Représentée pour la première fois par les Comédiens Italiens ordinaires du Roi, le samedi 31 Octobre 1789.

A AMSTERDAM,

Et à PARIS, chez BARBA, Libraire.

AN VI. — 1798.

PERSONNAGES.

RAOUL.

LUDGER, géolier.

LAUDRI, paysan.

GÉRARD, père de Raoul.

LA HIRE, ancien écuyer.

ROGER.

ADÈLE, femme de Raoul.

GRAON, fils de Raoul.

ELOI, fils de Ludger.

BATHILDE, fille de Ludger.

CHŒURS DE SOLDATS, DE PAYSANS
ET PAYSANNES.

Au premier acte le Théâtre représente le devant du châ-
teau de Créqui, duquel on sort par un petit huis ; il
est situé sur l'aile gauche du Théâtre à droite sont des
Arbres au milieu desquels on voit une Fraise antique.

Pendant l'ouverture on apperçoit des paysans effrayés tra-
verser le Théâtre, et l'on voit des Soldats chargés de
faisceaux d'armes. Roger les rassemble et leur donne
l'ordre de porter les armes dans un endroit qu'il désigne
du geste.

RAOUL
SIRE DE CRÉQUI,
COMÉDIE.

ACTE PREMIER.
SCENE PREMIÉRE.

Le jeune CRAON *pâle, défi uré, tremblant, accourt et tombe presque défaillant sur un banc de pierre qui se trouve vers l'aîle gauche du Théatre.*

CRAON, *seul.*

O Ciel ! ayez pitié de moi... Sauvez-nous de la fureur de ces méchans soldats... Créqui, Créqui! sors du tombeau. — Viens venger ton père et ta femme et ton fils !

SCENE II.

CRAON; *toujours assis*, BATHILDE, ELOI, *portant chacun un panier à leur bras.*

ELOI, *regardant du côté du pont levis.*

Ah! mon dieu ! comme il est beau le château de Créqui !

BATHILDE.

Oui... mais en y entrant, ces vilains soldats qui couraient m'ont fait peur.

ELOI, *d'un air important.*

Si je n'avais pas eu l'air si déterminé, moi... Sûrement ils nous auraient attaqués. (*Il s'arrête et regarde Craon.*) mais voilà un petit garçon qu'ils auront sans doute effrayé comme toi. — Vois donc comme il est pâle ?...

BATHILDE.

Il pleure mon frère.

ELOI.

C'est que les hommes d'armes l'auront battu.

BATHILDE, (*ils s'approchent de Craon.*)
Qu'est-ce que vous avez donc mon petit ami ?

A 2

ÉLOI.

Vous êtes pâle comme tout.... est-ce que vous vous trouvez mal ?

CRAON, *d'un air effrayé, la voix entrecoupée.*

Avez-vous rencontré des soldats ?

BATHILDE.

Oui, beaucoup, beaucoup.

ÉLOI.

Et qui portaient des piques, de lances, de grandes épées que cela faisait trembler...

CRAON.

Ils ont voulu me tuer..

BATHILDE.

Ah ! les méchans.

CRAON.

Vous avez bien vu des paysans qui fuyaient ?

ÉLOI.

Oh ! ils avaient de bonnes jambes.

CRAON.

Eh bien! ces bonnes gens s'étaient armés pour me défendre, pour défendre mes parens. Les hommes d'armes se sont jetés sur eux, leur ont arraché les piques, les épées.

BATHILDE.

Et pourquoi est-ce qu'ils vous en veulent ?

CRAON.

Parce que nous avons perdu notre seul appui, notre unique défenseur, mon père... parce qu'un parent cruel veut s'emparer de notre héritage, qu'il veut contraindre ma mère à l'épouser, qu'elle résiste à toutes ses menaces, et qu'il espère à force de cruautés, lui arracher enfin l'aveu qu'elle refuse. Ces lieux où nous seuls avons droit de commander, sont pleins de soldats féroces qui nous y traitent en esclaves.

ÉLOI.

Quoi? le château est à vous?.. vous êtes donc un Créqui?

CRAON.

Je suis son fils.

BATHILDE.

Mon frère, c'est le petit Craon dont on parle chez nous tous les jours.

CRAON.

Vous n'êtes donc jamais venu ici ?

ÉLOI.

C'est aujourd'hui pour la première fois que l'on nous envoie dans les environs vendre les fruits de notre jardin.

BATHILDE.

Mon père nous avait bien répété.... « je vous défends
» de tourner de ce côté-là, il y a du grabuge au château
» de Créqui. Je ne veux pas que vous alliez vous exposer
» à recevoir quelques tapes ».

ELOI.

Mais ma sœur, quand nous avons été loin, m'a dit...

AIR :

Je brûle de voir ce château,
Dont parle notre père ;
Je parierais qu'il est bien beau,
Allons-y, mon cher frère.
Je réponds, oui, c'est entendu,
Car en fait de fruit défendu,
Dès qu'on y pense, ou qu'on y touche,
L'eau tout d'suite, en vient à la bouche.

On nous dit toujours pour leçons,
N'allez jamais seulettes ;
Dans les bois, toujours les garçons
Vont guetter les fillettes
Et c'est au bois on est rendu,
Car en fait de fruit défendu,
Dès qu'on y pense, etc.

CRAON.

Mais qui donc êtes-vous ?

BATHILDE.

Oh ! nous ne sommes pas de si bonne famille que vous...
mon frère s'appelle Eloi...

ELOI.

Ma sœur se nomme Bathilde..

BATHILDE.

Et le nom de notre père, c'est Ludger, gardien d'un
vieux château presque tout démoli, qui appartient au sire
Baudouin.

CRAON, *vivement.*

A mon cousin, à notre persécuteur.

ELOI.

Un homme bien méchant, c'est vrai. Nous ne demeu-
rons qu'à une lieu d'ici, et depuis quelque mois, tant que
la journée dure, notre mai on ne désemplit pas de soldats
qui disent ci, qui disent ça...

BATHILDE.

Et entre autres choses, que le sire de Créqui, votre père,
est mort dans la Palestine.

ELOI.

Que ce château là, et tous vos biens conviennent à sire
Baudouin.

BATHILDE.

Et que le moins qui puisse vous arriver, s'il s'empare une fois de vous, c'est d'être jeté dans une vieille tour toute délabrée, sans toiture...

ELOI.

La porte en donne dans notre chambre... et j'ai quelquefois des peurs.

BATHILDE.

Sur-tout depuis six mois qu'on y a mis un pauvre homme qui crie, qui jure, qui pleure... que cela fait pitié !

CRAON, *avec vivacité et effroi.*

Dans cette vilaine tour la il y a un homme ? —

ELOI.

Qu'on guettait depuis bien long-temps, qu'on a pris au bord de la mer, et qu'on a mené de nuit chez nous.... si vous êtes une fois dans la tour avec lui, vous n'en sortirez plus d'abord... elle est haute comme tout.... et des verroux, de grosses barres de fer... et un paquet de clefs pour ouvrir tout ça.... c'est à ne plus finir... et les clefs toujours à la ceinture de mon père.

CRAON.

Et qu'avons-nous fait à Baudouin, pour nous persécuter ainsi ?..

BATHILDE.

Mais est-ce que vous n'avez pas d'amis ?

CRAON.

Il ne nous reste qu'un parent qui seul eût pu nous protéger ; mais à la tête de ses vassaux, il a suivi le roi dans sa guerre contre les Normands... le sire de Renti nous aime, il nous eut défendu. Mais il est absent et tout nous abandonne. On nous a dépouillés de tout... on nous refuse jusqu'aux alimens les plus grossiers : (*en pleurant*) si vous saviez.. le besoin... la faim...

ELOI, *avec vivacité.*

La faim !.... ah, c'est terrible ça !

BATHILDE, *prenant des fruits dans son panier et avec le ton du plus vif intérêt.*

Tenez, voilà encore quelques beaux fruits...

CRAON, *refusant d'accepter.*

Non, je ne puis... non...

ELOI, *de l'autre côté lui en fourrant dans sa poche.*

Ça ne se refuse pas, du fruit...

(*Pendant que Bathilde parle, elle tire de sa poche une petite bourse de cuir et la glisse dans la poche de Craon.*)

BATHILDE.

Si nous n'avions pas vendu le reste.... mais voici un gâteau que nous avons acheté.

CRAON.

BATHILDE, *lui mettant de force le gâteau sous le bras.*

Si fait... si fait... il est bon.

ELOI.

Que je suis aise d'être venu ici ! (*il caresse Craon.*) prend mon petit ami , prends... tous les jours vois-tu , nous t'apporterons quelque chose...

BATHILDE.

Ne le tutoie donc pas, Eloi, ça n'est pas poli.

CRAON, *en pleurant.*

Ah ! parlez moi comme vous voudrez, le malheur m'apprend que nous sommes égaux ; mais pour payer tant de bontés , je n'ai que des larmes et ma reconnaissance.

SCENE II.

LES PRÉCÉDENS, GÉRARD.

CRAON, *courant au-devant de son grand-pere.*

Ah ! mon père, venez, j'ai trouvé deux amis.

GÉRARD.

Qui sont-ils ?... qui êtes-vous mes enfans ?

BATHILDE.

Nous sommes vassaux de sire Baudouin.

GÉRARD, *vivement.*

Et vous vous intéressez à notre sort ?

CRAON, *d'un air effrayé.*

Ils disent que mon cousin veut s'emparer de moi , me jeter, m'enfermer pour jamais dans une tour, dans une affreuse prison où languit depuis six mois un autre malheureux.

GÉRARD.

Et quel est cet infortuné ?

ELOI.

Dame ! c'est peut-être aussi quelqu'un dont on veut hériter... avant qu'il soit mort; mais nous ne le connaissons pas... à peine l'avons-nous entrevu ; mon père, qui est son gardien, ne veut pas que personne en approche.

BATHILDE.

il a une longue barbe , longue, longue...

ELOI.

Des habits déchirés, en lambeaux... l'air d'un homme qui a bien souffert.

MATHILDE, *désignant le cou, les pieds, les mains et la ceinture.*

On lui a mis des chaînes, là.. là.. là... là.. ça fend le cœur.

ÉLOI.

Et malgré sa longue barbe, malgré des cheveux tout hérissés qui retombent sur son front, et lui cachent les yeux... Il a un visage aimable, un regard plein de douceur... une voix qui fait pleurer seulement à l'entendre.

GÉRARD, *vivement*

Tel était mon Créqui !... si l'on pouvait supposer que le ciel eut respecté ses jours, on croirait.. mais, non... non... j'ai perdu mon fils, tu n'as plus de père (*prenant Craon dans ses bras*) et l'on veut nous priver de toi ! Ah ! ta mère, et ton vieil ami ne survivraient pas à ce dernier malheur !

ROMANCE.

CRAON.

De vos bonté, de son amour,
Chaque instant m'est un nouveau gage.
Chaque instant tous deux à mon tour,
Je dois vous aimer davantage.
Je me vois, grace à nos malheurs,
L'objet de vos tendres alarmes :
Et j'aime jusqu'à mes douleurs,
Quand votre main sèche mes larmes,

Mon cœur ouvert aux malheureux,
Saura soulager leur misère ;
On me verra toujours pour eux,
Le digne fils d'un si bon père.
Mon sein recevra les soupirs,
Leurs plaintes ne seront point vaines.
Qu'ils partagent tous mes plaisirs
Je prendrai ma part de leurs peines.

GÉRARD, *l'embrassant.*

O mon fils !

ÉLOI.

Comme il est bon !

GÉRARD, *appercevant le gateau et quelques fruits.*

Mais qu'est-ce que cela ?

CRAON.

Ce qu'ils m'ont forcé de prendre, des fruits

MATHILDE.

Un bon petit gâteau...

CRAON.

Ils me l'offraient de si bon cœur (*il tire des fruits de sa poche*)

poche et parmi eux la petite bourse de cuir ? qu'es-ce que c'est que cela ?

GÉRARD, *ouvrant la bourse.*

De l'argent.

BATHILDE, *applaudissant à l'action de son frère.*

Ah ! mon frère !

CRAON, *vivement et montrant la poche de son habit.*

Il faut qu'ils l'aient glissée ici sans que je m'en sois apperçu.

GÉRARD, *aux deux enfans,*

Reprenez... reprenez. (*Le ciel commence à s'obscurcir.*)

ÉLOI.

Non, en vérité... ce n'est pas notre faute s'il n'y en a pas davantage.

GÉRARD.

Honnêtes enfans, votre bon cœur vous égare ! Cet argent vous appartient-il ?

BATHILDE, *avec beaucoup de confiance.*

On nous l'a donné pour les fruits que mon père nous a chargé de vendre.

GÉRARD, *remettant la bourse à Éloi.*

Rendez la lui bien vite... ce n'est jamais aux dépens d'autrui qu'il faut se montrer généreux.

ÉLOI.

Ah quel dommage !... c'est le premier que nous ayons gagné.

BATHILDE.

Employé comme ça, il nous aurait porté bonheur.

ÉLOI.

Je veux gagner de l'argent qui m'appartienne, afin qu'on ne me le rende pas quand je le donnerai de si bon cœur.

GÉRARD.

Il est cinq heures, le ciel s'obscurcit, et la soirée ne se passera pas sans orage. Regagnez votre habitation, mes chers enfans. Vous appartenez à Beaudouin... Si vous étiez vu par les soldats qu'il a placés ici pour nous persécuter, on vous

B

ferait un crime de nous parler, de vous attendrir sur notre sort... je n'oublierai jamais ce que vous avez fait pour nous.

CRAON.

Vous êtes, vous serez toujours mes amis,

BATHILDE, *au petit Craon, avec beaucoup de*
politesse.

Voulez-vous bien me permettre de vous embrasser encore une fois. (*Craon lui saute au cou et l'embrasse, après*
quoi elle lui fait une grande révérence.)

ELOI, *se plaçant entre Gérard et Craon leur prenant*
un bras à chacun et le passant sous le sien.

Écoutez... je vous ai pris en amitié... faudra que vous nous fassiez savoir de quel côté vous voulez tourner. Dès que je serons grand, j'irons vous rejoindre, et je travaillerons de tout notre cœur pour vous, entendez-vous? Adieu mes bons seigneurs... viens ma sœur. (*On entend un coup de tonnerre,*
Eloi fait un grand mouvement qui dénote sa frayeur, et
d'une voix agitée, il dit : (eh bien! ne voilà-t il pas le tonnerre! (*en s'efforçant de sourire et paraître assuré*) ce n'est pas que j'en aie peur au moins... mais allons-nous-en bien vite.

BATHILDE, *que son frère tient par le bras à*
Gérard et à Craon.

Ah çà! ne nous oubliez pas... pour moi je me ressouviendrai de vous quand je vivrais cent mille ans. (*second coup de*
tonnerre plus fort que le premier.) Encore ce vilain tonnerre. Sauvons-nous, mon frère.. Sauvons nous.

(*Ils sortent.*)

SCENE IV.

GÉRARD, CRAON.

GÉRARD.

MON fils, sois toujours l'ami du pauvre... tu le vois.; Le plus souvent, hélas! c'est lui seul que l'on trouve amitié désintéressée, compassion et générosité... mais qu'allons-nous devenir? Les paysans intimidés ont fui, tout nous abandonne... Ce n'est pas mon sort qui m'inquiète... mais ta malheureuse mère, mais toi jeune infortuné.

DUO.

CRAON.

Ah ! ne vous livrez pas mon père
A des pensers si douloureux.
Ah ! conservez vos jour précieux
Pour votre fils, pour sa mère.

GÉRARD.

Vous attestez encor ma gloire
Rives sanglantes du Jourdain :
Captif au char de ma victoire
J'y traînais le fier Sarrasin.

CRAON.

Ah ! calmez votre désespoir
Et reprenez votre courage.

GÉRARD.

Chassés par les glaces de l'âge,
Mes beaux jours sont disparus ;
Ici vit encor le courage,
La force et le bras ne sont plus.
Tu n'as plus d'appui ni de père,
La mort est déjà sous mes yeux,
Ce ciel a comblé ma misère
Et mes jours me sont odieux.

CRAON.

Calmez ce désespoir, mon père !
Sur votre fils tournez les yeux ;
Conservez vos jours précieux,
Pour votre fils, pour sa mère.
Mes forces croîtront avec l'âge,
Vos soins ne seront pas perdus ;
Vous direz, il a mon courage,
Et mes beau jours me sont rendus.

GÉRARD.

Aux forces croissant avec l'âge,
Si tu joins les vertus,
Je dirai voilà mon courage,
Et mes beaux jours me sont rendus.

SCENE V.

Les précédens, ADELE *arrivant entre son père et son fils.*

ADELE.

Ah ! mon père ! mon fils !... mon cher fils partagez ma

joie... mes craintes, mon espoir,... votre fils... mon époux,... ton père.

GÉRARD.

Eh! bien ? Créqui!... Grand dieu !

CRAON.

Ah! ma mère, parlez...

ADELE.

Je respire à peine... j'errais, désolée et vous cherchant tous deux dans ces appartemens solitaires... j'entends la voix de l'impitoyable Roger, ce cruel ministre des fureurs de Baudou... il parlait à des soldats... j'entends prononcer le nom de Créqui.

GÉRARD.

Achève...

ADELE.

Mon époux n'est point mort... Roger le disait... il parlait de captivité dans la Palestine. de lettres interceptées, de piéges tendus. j'écoutais ; ils parlaient en tumulte ; leurs voix se confondaient. J'ai recueilli des mots vagues, des phrase interrompues... mon cœur a deviné le reste... Mais, Créqui respire, Créqui peut nous être rendu... je reverrai mon époux... le ciel te rendra ton père.

GÉRARD.

Ah! ma fille : on l'a vu tomber, on a vu son corps percé de coups servir de bouclier à celui de son roi,... on a relevé... on nous a rapporté sa bannière sanglante... je n'ai plus de fils, tu n'as plus d'époux, et pour nous Raoul est perdu sans retour !

ADELE, avec explosion.

Mon père, au moins laissez-moi l'espérance... de tous les biens c'est le seul qui me reste.

SCENE VI.

Les précédens, LAUDRI.

LAUDRI, rapidement.

L'ESPÉRANCE!... il n'en est plus, mes bons seigneurs !... Beaudouin arrive cette nuit, et demain notre bonne maîtresse doit être son épouse ; il l'a juré... l'ordre est donné de s'emparer de votre fils, et vous ne le reverrez que lorsque le mariage sera terminé et qu'il n'y aura plus moyen de se dédire.

ADELE, *avec le plus grand effroi et en montrant son fils.*

Ah ! mon père ! où nous cacher, où fuir, où nous réfugier ?

LAUDRI, *vivement.*

Chez moi, mes bons maîtres, chez moi, dans ma chaumière, au sein de ma famille... ne me refusez pas... voici le moment de reconnaître, au moins selon mon pouvoir, tout le bien que vous nous avez fait dans le temps où vous pouviez en en faire... n'attendez pas que l'on use de violence, partez, suivez-moi... venez...

GÉRARD.

L'accabler de notre infortune...

CRAON.

De notre misère...

ADELE.

De la colère de nos tyrans...

LAUDRI, *avec la plus grande chaleur.*

Je ne les crains pas... le village entier nous soutiendra... si le péril presse, il y a dans nos rochers, au pied de nos montagnes, de vieux souterrains dont je connaissais seul l'entrée et les détours... C'est là que je vous cacherons... venez, nos chers maîtres... venez partager le peu que je possédons. Vous ne ferez pas grand' chair ; mais ce que j'avons du moins vous sera donné de bon cœur... faudra ben encore quelque argent pour vous faire des partisans, j'en ai un peu, c'est pour vous... j'ons du courage, et des bons bras... c'est pour vous. Ils nous ont pris nos piques, nos épées, ces enragés de soldats ! j'n'étions pas tout-à-l'heure un assez grand nombre pour nous défendre... mais à l'instant où je vous parle, on court de tous côtés, on ameute, on rassemble, et peut-être qu'avant la nuit... baillez-nous tant seulement un chef et vous verrez ! car nous autres j'avons bien des bras, et je ne demandons qu'à nous en servir, mais il faut une tête pour les faire aller rondement.

GÉRARD.

Mais, où prendre des armes ?

A I R.

L A U D R I.

Nous en trouverons, nous en forgerons
Nons en trouverons, oui nous en aurons.
Nous aurons, nous aurons des armes
Et s'il faut braver les alarmes
Et s'il faut tomber sous leurs coups,
Nous aurons tous péri pour vous.

De nos chaumières parcourues
Tout le fer se rassemblera;
Bientôt le soc de nos charrues
Glaive foudroyant deviendra,
L'humble instrument du jardinage,
Le plus vil meuble du ménage,
De forme aussitôt changera;
Bientôt il deviendra
L'arme du courage
Et son usage l'ennoblira.

G É R A R D.

Eh bien, nous nous abandonnons à toi.

A D E L E.

Conserve moi mon fils...

C R A O N.

Ne souffre pas qu'on m'arrache à ma mère. ...

L A U D R I, avec la même chaleur.

Un des leurs vient de m'en avertir, ce n'est qu'à l'entrée de la nuit que l'on doit se saisir de vous... Ils sont rassemblés, ils se consultent, profitons du moment Il n'est pas impossible de reprendre les armes qu'ils nous ont enlevées... mes camarades y travaillent; attendez moi, je reviens avec eux, et je vous servirons d'escorte... attendez moi un seul instant.... *il fait un pas pour sortir, revient, les rassemble autour de lui et leur dit avec l'air de la joie la plus vive et avec rapidité).* Eh! j'oubliais! nouvel espoir! nouveau renfort! le brave Renti, votre bon, votre honnête parent... il revient; les soldats le disaient.... Baudouin le craint, et c'est ce qui lui fait précipiter son mariage... j'avons pour nous le bon droit, du zèle; du courage, le brave Renti l'apuyera de ses armes et le ciel sera pour nous.

SCENE VII.

GÉRARD, ADELE, CRAON.

Finale.

GÉRARD.

Il faut céder à notre sort,
Cherchons ailleurs, trouvons la mort.

tous trois

Séjour tranquille, neureuses terres,
Où nos jours s'écoulaient en paix ;
Lieux que la cendré de nos pères
Rend l'objet d'éternels regrets :
Faut - il vous quitter pour jamais !

LA HIRE, *portant la Banière de Créqui.*

O mes cher maîtres, ma maîtresse,
La Hire s'attache à vos pas ;
Il vous suivit dans sa jeunesse
Et vous suivra jusqu'au trépas.

ADELE.

Bon La Hire à notre détresse
S'il se peut ne t'enchaîne pas ;
Songe La Hire à ta viellesse,
Trop d'infortune suis nos pas.

LA HIRE.

J'emporte avec moi la bannière
Du brave et malheureux Créqui.

ADELE.

Hélas ! dans la nature entière,
Mon unique bien . le voici.

Chœur de femmes, enfans et Vieillards.

Quoi vous partez, vous nous quittez ;
La vieillesse, aussi la foiblesse,
Dans ces climats retient nos pas.

ADELE.

Soyez heureux séchez vos larmes,
Calmes d'inutiles allarmes ;

Parlez quelquefois dans ces lieux
De vos amis si malheureux.

Chœur.

Partout notre cœur et nos yeux
Verront nos amis malheureux.

Tous.

Amis recevez nos adieux.

LAUDRI.

Plus de frayeur, séchez vos larmes
Nous les avons, nous avons nos armes.
Ils vont venir,
Il faut partir ;
A la tempête qui s'apprête.
Fuyez, dérobez votre tête.

Tous.

Fuyons, évitons la tempête
Qui s'apprête.

(*Ils sortent tous hors les femmes.*).

Les paysannes.

ô Toi, l'appui de l'innocence,
Ciel, juste ciel ! veille sur eux.
Nous t'implorons, prens leur défense
Dérobe les à tous les yeux.

ROGER, *et les soldats.*

Courez, volez à leur poursuite,
C'est par là qu'ils ont pris la fuite ;
C'est pour vous qu'ils ont fui ces lieux.
Craignez tout de notre vengeance,
Le ciel envain prend leur défense,
Il combattrait en vain pour eux.

Le tonnerre gronde fort jusqu'à la fin de l'Acte.

ACTE II.

Le théâtre représente une tour épaisse et sans toisures, sensée attenante à un vieux château fort, que l'on n'apperçoit point ; elle doit former un cône dont la partie la plus élevée vers le ciel, est étroite, et de la quelle,

conséquent, il est impossible de gravir les murailles ; à cette tour est jointe une mauvaise chambre, presque sans meubles, habitée par le geolier. La porte qui communique de la tour à l'habitation de Ludger, est garnie de barres de fer, de fortes serrures et de cadenats ; on voit dans cette chambre un malheureux grabat, une table grossière, quelques escabeaux, de gros paquets de clefs, et dans un recoin un lambeau de tapisserie, derrière lequel sont sensés être les lits de Bathilde et d'Eloi.

La tour où est renfermé Créqui, et que le spectateur voit à découvert ainsi que la chambre du geolier, cette tour est entièrement démeublée. Une chaîne de fer, fortement attachée à la muraille, y retient Créqui par le milieu du corps, par un bras et par une jambe. Il est couché sur un peu de paille, abrité à demi par un reste de toiture. Un vase grossier et le reste d'un pain noir sont auprès de lui. Il est une heure après minuit. La foudre après un long orage, gronde encore dans le lointain. La pluie tombe, mais faiblement, et l'on entend le sifflement des vents.

SCENE I.
BATHILDE, ELOI.

Ils sont assis chacun sur un escabeau, le visage caché dans leurs mains, et les coudes appuyés sur les genoux.

DUO.

BATHILDE.

Réponds moi, mon frère,
Entends-tu gronder le tonnerre ?
Mon frère, ah ! que j'ai peur.
Approche un peu de moi ;
Du moins s'il était là mon père.
Quelle heure est-il ?

ELOI.

Réponds moi, ma sœur,
Ah ! comme j'ai peur.
Me déranger quand sans danger
On n'peut bouger.
Ah ! dame il est sorti not' père.
      Plus de minuit.

Tous deux

La foudre ne fait plus de bruit,
Je crois qu'il s'en va le tonnerre ;

C

Du moins on ne l'entend plus guère,
Il est déjà bien loin.
Comme te voilà dans un coin.

Ah le poltron !   Ah la poltronne !

BATHILDE   ### ELOI.

Non, non, je n'ai pas peur,
Moi, j'verrais tomber l'tonnerre   A mes pieds, il fendrait la terre,
Que je n'aurais pas de frayeur.   Je n'aurais pas la moindre peur.

(*On entend un grand coup de tonnerre ; ils tombent sur
leurs genoix le visage contre terre.*)

Je suis morte.   Ah ! je suis mort.
Le tonnerre a brisé la porte,   Le tonnerre etc.
Il est ici ne bouge pas.
Elle est entière notre porte,
Et le tonnerre n'est pas là.
Tu n'est pas mort.   Tu n'est pas morte.

Ensemble.

Tiens donc t'étais comme cela,
Peut-on avoir peur comme ça ?
Longtemps ta sœur en rira.   Longtemps ton frère en rira.

ELOI.

Le résultat de tout cela c'est que nous sommes aussi braves
l'un que l'autre.

BATHILDE.

Mais tu es un garçon toi... tu dois avoir plus d'courage
qu'une fille.

ELOI.

Bah ! du courage... certainement j'en ai, mais... contre
le tonnerre qui d'un seul coup vous... paf...

BATHILDE.

Je dormais de si bon cœur que je ne l'entendais pas.

ELOI.

Et moi donc !... si je n'avais pas été éveillé par ces vilains
soldats qui se sont réfugiés ici, et qui ont fait un tapage...?

BATHILDE.

Ah dame, c'est que les vassaux de la châtelaine de Créqui
vous les ont houspillés cette nuit de la bonne manière... et
je n'en suis pas fâchée.

E L O I.

Non morgué... c'est bien fait... pourquoi ces méchans là vont-ils chagriner chez eux de bonnes gens qui ne leur ont jamais fait du mal.

B A T H I L D E.

Mais dans le fond ce n'est pas leur faute à ces pauvres hommes d'armes... on leur dit : allez-moi rosser ces gens-là, et ils y vont. C'est cet enragé de Sire Baudouin qu'il faudrait frotter... là... que rien n'y manque ; c'est lui qui veut le mal, qui l'ordonne, c'est lui qui en devrait porter la peine... tiens, vois-tu tout ça n'est pas bien arrangé. Si j'avais inventé la guerre, moi, voilà mon premier mot : que celui qui a cherché noise se batte tout seul contre ceux qu'il a méchamment attaqués ; et je vous aurais tourné ça de manière que le drôle aurait toujours été équipé de façon à s'en bien souvenir.

E L O I.

Eh bien ! si je conseillons une chose comme ça, on nous regarderait comme des enfans... c'est cependant bien imaginé !

B A T H I L D E.

Ce qui me fait plus de peine dans tout ce mic mac là, c'est ce pauvre petit Craon qu'ils ont fait prisonnier.

E L O I.

Comme sa mère doit pleurer !...

B A T H I L D E.

Et son grand papa !

E L O I.

Les soldats qui sont ici disent que leurs camarades gardent le petit bon homme au fin fond de la forêt, dans un endroit bien caché, jusqu'à ce que la châtelaine de Créqui ait épousé le Sire Baudouin.

B A T H I L D E.

Et si elle s'obstine à n'en rien faire ?

E L O I.

Alors... Oh !... mais cela n'est pas possible, elle est mère ; enfin, si ça arrivait, les soldats ont dit qu'on ferait bientôt du petit Craon, comme de ce pauvre bon homme qui est ici à côté.

C 2

BATHILDE.

Comment ? on le jetterait aussi dans cette tour, où la pluie, la grêle, les vents, le soleil brûlant...

ELOI.

Qu'est-ce qu'il fait à présent ?.. (*il va regarder par le trou de la serrure*) il dort.

BATHILE, *allant regarder aussi.*

Pauvre malheureux ! sur la terre humide... pour toute nourriture de l'eau, du pain noir et encore trop peu pour appaiser sa faim !

ELOI.

Sans ce que nous lui baillons tous deux en cachette, il serait déjà mort... et encore faut-il lui jeter ça par dessus la tour, car mon père ne nous en laisse pas approcher.

BATHILDE.

J'ai bien bon appétit....

ELOI.

Et moi donc ?...

BATHILLDE.

Eh bien ! ce que je me refuse pour le lui donner, il me semble que ça me fait plus de bien que si je m'en rassasiais.

ELOI.

Moi d'même, du pain, morgué, du pain bien dur... et qu'il n'y ait pas de malheureux autour de moi... ça me profiterait plus que la meilleure chaire (*on entend un bruit de clefs*) voilà mon père, taisons nous.

BATHILDE.

Oh ! avant qu'il ait tourné, retourné toutes les clefs, visité toutes ses serrures, fermé et refermé tous les cadenats... chut, le voici.

SCENE II.

LES PRÉCEDENS, LUDGER,

comme un homme qui a déjà beaucoup bu.

LUDGER.

Vous ne vous êtes pas recouchés, vous autres ?

BATHILDE.

Oh mon Dieu, non... le tonnerre....

ELOI, *d'un air déterminé.*

Nous aimons à entendre tout ce tapage là... et quand on dort ...

LUDGER.

Diable ! je ne vous croyais pas si vaillans... qu'on m'aille chercher du vin.

ELOI, *effrayé.*

A l'heure qu'il est ?

LUDGER.

Est-ce qu'on ne boit pas à toute heure ?

BATHILDE.

Oh ! vous, sûrement... mais c'est qu'hier au soir, mon père, vous vous en êtes un peu tapé.

LUDGER.

Comme de coutume.

ELOI, *imitant la marche d'un homme pris de vin.*

Et que même à présent... vous allez... un peu.

LUDGER.

C'est de faiblesse, il est une heure du matin, et je suis encore à jeun ; il me faut du vin.

ELOI.

Il n'y en a pas ici.... tout le monde sera couché dans le village.

LUDGER.

Qu'on fasse lever tout le monde... est-ce qu'il ne faut pas que je sois servi (*jetant de l'or et de l'argent sur la table*) voilà de l'argent ; voilà de l'or.

BATHILDE.

Ah que de pièces !

LUDGER.

Oh il y a plus de profit à faire le mal que le bien ; en voilà la preuve... ou vous paye pour ça... ah ! Dame !... Qu'est-ce qui m'aurait dit que ce pauvre diable qu'est couché là dedans, à la belle étoile, m'aurait, en un jour, valu plus d'argent que je n'en ai manié pendant toute ma vie !... aussi je m'en vais boire, comme je n'ai bu de ma vie.

BATHILDE.

Mais qu'est-ce que c'est donc que ce prisonnier là ?

ELOI.

Oui, contez nous donc un peu, mon pere.

A I R.

LUDGER.

Paix ! paix ! on m'interroge en vain ;
Paix ! paix ! qu'on m'apporte du vin.
J'irai vous dire peut-être
Qu'afin d'hériter des Créqui .
Le Sire Baudouin notre maitre
Tient son fils prisonnier aussi.
Moi vous révéler le mystère !
Vous connaissez bien votre père ;
Je veux du vin, beaucoup de vin,
Je veux boire jusqu'à demain.

BATHILDE, (*bas d son frère*)

Ah ! si je pouvais parler au prisonnier !

ELOI, *bas.*

Faut tâcher d'en trouver le moyen.

Eh bien ! marchez-vous ? Est-ce que vous ne voyez pas que ça presse ?

ELOI, *d'une voix tremblante.*

Viens avec moi, ma sœur...

LUDGER.

Comment, tous deux.

ELOI.

Ah ! Dame, c'est que la nuit... on dit qu'on voit revenir précisément à cette heure-ci....

LUDGER.

Attends , attends-moi avec tes revenans.:..

ELOI.

Et puis cela fera prendre l'air à ma sœur:

LUDGER.

Apporte aussi quelques provisions pour l'homme de la dedans... il m'a valu de l'argent , faut avoir soin de lui... tu
lui porteras du pain et de l'eau.

ELOI, *à part à sa sœur.*

Ah mon Dieu ! cela fait pitié.

CREQUI *commence à se réveiller.*

LUDGER.

Moi je vais achever ma tournée..: les portes ont été ou-
vertes , quelqu'un aurait pu se glisser::::

BATHILDE.

Mon père , mon père , les clefs de la tour , pour qu'en
revenant , nous puissions donner au prisonnier ?...

LUDGER, *tout en arrangeant quelque chose dans
sa chambre.*

Vous viendrez les chercher.... ah !.. oui , je confie bien
à des étourdis comme vous....

BATHILDE, *bas à son frère.*

Nous ne trouverons pas moyen de lui parler.... mon père
sera là !

ELOI, *bas.*

Encore s'il pouvait se griser tout-à-fait !

BATHILDE, *bas.*

C'est bien difficile...

ELOI, *bas.*

Ça n'est pas impossible , avec du soin.

LUDGER.

Que diable ont-ils donc à chuchoter..: sortez-vous ?
combien de fois faudra-t-il que je le dise ? Allons , allons,
qu'on se dépêche.

(*Ludger les pousse dehors par les épaules , sort après , et
ferme la porte de la chambre. Il faut qu'on entende le
bruit des serrures.*

SCENE III.

ROUL DE CRÉQUI.

'Adele.... mon fils....

Seul dans sa tour , il étend les bras , regarde autour de 'lui , secoue ses pauvres vétemens que la pluie a percé , touche ses chaînes , les agite et se remet sur son séant. Il porte une longue barbe , son habit est celui d'un esclave , il doit avoir tout le caractère de la misère la plus profonde.

A I R.

O d'un sommeil trompeur, prestige favorable ,
Le réveil a détruit ton charme passager ;
Infortuné Créqui , toi que le ciel accable ,
En si peu de momens ton sort n'a pu changer.
Je revoyais entre mes bras
Mon Adèle toujours fidelle ;
Mon père que mon cœur appelle
Avec mon fils suivait ses pas.
J'étais heureux , et toi fidelle.
Mais les voila toujours ces chaînes ,
J'habite encore cette tour ;
Avec le jour je renais à mes peines ,
Et victime du sort je le suis sans retour.

SCENE IV.

BATHILDE, ÉLOI, *à l'entrée de la chambre* LUDGER, *en dehors, qu'on ne voit pas,* CRÉQUI, *dans sa tour.*

LUDGER.

Eh ! pardi , mettez cela sur table ; que je trouve un verre tout prêt , combien y a-t-il de bouteilles ?

ÉLOI, *les pesant sur la table.*

Quatre.

LUDGER.

LUDGER.

Ce n'est guères.

ELOI.

C'est ce qu'a dit le marchand de vin qui vous connaît... mais nous ne pouvions pas en porter davantage a cause du pain et de la cruche pour le prisonnier.... nous y retournerons....

BATHILDE, *posant le pain sur la table et la cruche à terre.*

Et à propos, la clef de la tour ? faut bien une clef pour ouvrir.

LUDGER, *toujours en dehors, jetant un gros paquet de clefs qui vient tomber sur la table.*

Voilà le paquet, les connaissez vous toutes ?

ELOI.

Oh nous ferons connaissance.

LUDGER.

Si le prisonnier vous parlait, je vous défends de lui répondre, entende-zvous ?

Il referme sur eux la porte de la chambre à double et triple serrures.

BATHILDE, *effrayée.*

Ouia.. quoi ?... vous nous enfermez ?...

ELOI, *dans la même agitation.*

Mon père, mon père.

SCENE V.

BATHILDE, ELOI, *dans la chambre,* **CRÉQUI** *dans la tour. Moment de silence pendant lequel le frère et la sœur se regardent d'un air effrayé, et jettent sur la tour des regards inquiets.*

BATHILDE, *d'une voix tremblante.*

Mon frère, il nous enferme ?..

ELOI, *de même.*

Ma sœur, si le prisonnier était méchant?

D

CREQUI.

On parlait tout-à-l'heure dans la chambre du géolier, et je n'entends plus rien.

BATHILDE.

Je n'ai plus envie d'entrer dans la tour.

ELOI.

Ah ! c'est bien hazardeux...

CREQUI.

Mes vétemens sont trempés....

BATHILDE.

Cependant est-ce qu'il peut nous savoir mauvais gré de notre politesse ?

CREQUI.

Quel orage épouvantable il a dû faire cette nuit !

ELOI.

Nous n'allons chez lui que pour lui faire honnêteté.

CREQUI.

Et je dormais !.... faveur du ciel !....

ELOI.

Il faudrait qu'il fût de bien mauvaise humeur.

CREQUI.

Flatteuse espérance ! sommeil consolateur ! l'homme sans vous pourrait-il supporter les peines de la vie !

BATHILDE.

Ma foi, je crois que nous ne risquons rien....

ELOI.

Je suis de ton avis.... il faut avoir du cœur.... d'ailleurs nous sommes deux, et il est est enchaîné.... où sont les clefs ?
(*Ils essayent plusieurs clefs aux serrures.*)

CREQUI.

Qui me retient ici ! quel pouvoir m'ensevelit dans cette tour horrible ?

BATHILDE.

Je te dis qu'il faut commencer par la plus grosse.

CREQUI.

Je me perds dans l'horreur de mon sort ; (*il entend du bruit et prête un moment l'oreille.*) on ouvre mon cachot. ...

ELOI, *à sa sœur.*

Tourne donc avec moi.... je n'ai pas la poigne asse**z**
forte.

BATHILDE.

La voilà ouverte**:**

ELOI, *essayant une autre serrure.*

A l'autre**?**

CREQUI.

Quoi, je ne pourrai me délivrer du joug de mes tyrans**!...**
qui sont-ils ?

ELOI.

A la grosse barre à présent.

CREQUI.

Cette tour , impossible d'en gravir les murailles.

ELOI, *fléchissant sous le poids de la barre.*

Soutiens donc, ça me va tomber sur les pieds.

BATHILDE.

Eh ! pardine , je soutiens ; mais c'est lourd comme tout.

CREQUI.

Un seul homme se présente à moi dans ces lieux.... lui
seul m'apporte ici cette eau , ce pain noir , mon unique
aliment.....

BATHILDE, (*il s'agit d'ouvrir un cadenat.*)

Tu t'y prends mal,... c'est comme ça.

ELOI, (*d'un air de capacité.*)

Ah ! oui , tu me montreras comme ça se gouverne !

CREQUI.

Serait-il l'unique gardien de ma prison ? un seul homme **!**
et je ne le terrasserais pas !.... ah ! fers cruels !....

BATHILDE.

Pousse la porte , fort , fort donc,...

ELOI.

Tant que je peux.... aide , aide....

CREQUI, (marchant dans sa tour autant que la longueur de ses chaînes peut le lui permettre , les agitant , et s'efforçant de les briser.)

Quoi ? je ne pourrai vous briser !.... vains efforts ? rage impuissante.

ELOI, (ouvrant de force la porte de la tour.)

La voilà !

(A l'instant où les deux enfans se présentent à la porte de la tour, Créqui fait un dernier effort pour rompre ses chaînes ; cet effort épouvante les enfans , qui jettent un cri terrible et tombent à l'entrée de la tour.)

BATHILDE et ELOI.

Bon prisonnier , ayez pitié de nous !

CREQUI , (d'une voix épuisée par les efforts qu'il vient de tenter.)

Que me veulent ces enfans , que me voulez-vous ?....

ELOI , (tremblant de frayeur.)

Nous ne venons pas ici dans de mauvais desseins,....

BATHILDE , (de même).

Nous n'avons que de bonnes intentions....

CREQUI.

Ils sont bien intéressans ;... je leur ai fait peur.

ELOI, (n'approchant de Créqui qu'avec beaucoup de précaution et lui faisant de petites politesses.)

Voilà du pain tout frais que nous vous apportons....

BATHILDE , (de même).

Et voilà de l'eau bien pure,...

ELOI, (à sa sœur.)

Si nous lui donnions une des quatre bouteilles de vin ?...., nous dirions que nous l'avons cassée....

BATHILDE.

Mais mon père nous battra.

ELOI.

Eh bien ! qu'est-ce que ça fait ? ce pauvre prisonnier, il aura bu du vin...

BATHILDE, (elle va chercher la bouteille et
un verre.)

Eh bien donne , donne....

CREQUI.

Approchez de moi , mes enfans.... ah ! je n'ai pas envie
de vous faire du mal.

ELOI , (affectant un air déterminé , mais ne s'approchant cependant qu'avec précaution.)

Oh ! je n'ai pas peur.... approche donc , ma sœur....
(Il pousse Bathilde qui tient le gobelet et n'est pas plus ras-
surée que son frère.)

Tenez, bon prisonnier.... buvez vîte.... c'est du vin....;
buvez....

BATHILDE.

Mais ne le dites pas à mon père.

CREQUI. (buvant avec avidité.)

Ah ! il y avait longtemps....

BATHILDE.

Pas vrai que c'est bon ?

ELOI.

Encore une petite goutte....

CREQUI.

Volontiers....

ELOI.

Mon Dieu que vous avez dû souffrir , cette nuit ?

CREQUI.

Le ciel qui prend pitié des malheureux a permis qu'un
doux sommeil....

BATHILDE.

Vous avez pu dormir malgré le tonnerre ? Mon frère , il
n'en a pas peur.

ELOI.

De tems en tems ne voyez-vous pas tomber de là haut...
de petits morceaux.... là... ah.... dame , c'est ce que nous
pouvons attraper de meilleur....

CREQUI.

Quoi ? mes chers amis , c'est de votre bonté charitable
que je tiens ces secours qui soutiennent mes forces ?

E L O I.

Nou: nous sommes avisés de ça , voyant qu'on ne voulait pas nous laisser entrer dans la tour.

C R E Q U I.

Mais à qui appartient cette forterese ?

B A T H I L D E.

Vous ne le savez pas ?

C R E Q U I.

Conduit dans ces lieux la nuit et par des détours obscurs, j'ignore entièrement où je suis, et le seul homme que je vois ici , est muet quand je l'interroge.

E L O I.

Cet homme-là est mon père... il faut donc qu'il ne vienne jamais vous voir quand il a bu le petit coup , car alors il ne déparle pas.

B A T H I L D E.

Bien sûrement il vous aurait dit que notre maître se nomme le Sire-Boudouin.

C R E Q U I, (avec une surprise marquée.)

Baudouin , le parent de Créqui ?....

E L O I.

Mon Dieu ! oui.... des Créqui , dont la terre et le château sont tout près d'ici.

C R E Q U I, (dont l'étonnement redouble.)

Je suis près de la terre de Créqui ?....

B A T H I L D E.

A une petite demi-lieue... mais ces vilaines chaînes.... elle: vous écrasent,... Soutenons-les un moment, mon frère.... cela le soulagera.

(Eloi et Bathilde soutiennent les fers de Créqui)

C R E Q U I, [les serrant dans ses bras.]

Pauvres petits , excellens cœurs !.... quoi !.... l'infâme Baudouin....

E L O I.

Oh ! comme il a toujours de bonnes raisons , à ce qu'il dit , pour s'emparer du bien des autres , il veut épouser de force , la châtelaine de Créqui qu'est encore belle et bien

avenante, ou les chasser trétous de leurs possessions, parce
qu'il prétend qu'il doit hériter d'eux malgré qu'ils ne soyons
pas morts.

CREQUI.

Mes malheurs sont donc enfin comblés !... Adèle ! chère
Adèle !....

BATHILDE.

Juste, c'est le nom de la châtelaine, brave, noble
Dame....

ELOI.

Qu'est veuve à présent, attendu que son mari qu'elle
aimait bien, qu'elle aime encore, est mort il y a longtems....

BATHILDE.

Là bas,... outre mer...

ELOI.

Dans la Palestine, bien loin, bien loin...

CREQUI, [avec la plus forte explosion.)

Baudouin ! vil scélérat !... chaines affreuses qui retenez
mon bras... je vis ; je respire... je suis près d'eux, et ne
puis les venger !... mes amis ! secourez-moi.... ayez pitié de
moi.... brisez mes fers.... armez mon bras ; vous aurez pro-
tégé, défendu l'innocence....

[Les enfans effrayés de l'agitation de Créqui se sont
reculés, on entend un bruit de clefs.]

BATHILDE.

Oh ciel ! j'entends mon père...; rentrons, rentrons
vite.

CREQUI.

Quoi ! vous m'abandonnez ?

ELOI.

Fermons, fermons.... ne faut pas que nous ayons l'air
d'avoir causé avec lui.... aide-moi, aide-moi donc... vite,
bien vite... maudites serrures !

BATHILDE.

Maudits cadenats !..

CREQUI.

Mes amis, mes chers amis !... quoi mes malheurs ne
vous ont pas touchés ?

ELOI.

[Voyant qu'ils ne peuvent réussir à remettre assez vite les barres et les cadenats;]

Ma foi, nous dirons que nous n'avons pas pu.

SCENE VI.

Les précédens, LUDGER.

LUDGER.

Avez vous donné au prisonnier tout ce qu'il lui fallait ?

ELOI.

Ah ! ce qu'il lui fallait ! Il a eu ce que vous nous avez dit de lui donner.

LUDGER.

Et la porte est-elle bien fermée ?

BATHILDE.

Regardez...

LUDGER.

Pourquoi les barres de fer et les deux cadenats ne sont-ils pas en place ?

ELOI.

Nous n'étions pas assez forts....

LUDGER.

Ah ! il n'a ni le tems, ni la possibilité d'entreprendre.... Les clefs !

ELOI.

Les voilà.

[Ludger les accroche à sa ceinture.]

CREQUI, [dans la tour.]

Je succombe à mon désespoir.... ce dernier coup anéantit ma force et mon courage. [Il tombe sur la paille ou sur une pierre qui sera censée s'être détachée de la muraille.]

LUDGER.

Approchez cette table...., ici.... contre la porte de la tour.... Eh bien ! à eux deux pourront-ils apporter une table ?

ELOI.

ELOI.

Oh ! avec du temps, nous en viendrons à bout.

LUDGER.

Du vin,... des verres ?....

BATHILDE.

Des verres ?

LUGER.

Est-ce que vous croyez que je boirai tout seul ? Vous voilà en âge, il faut que vous vous accoutumiez à me tenir tête,... mettez vous là, [ils sont prêts à s'asseoir à l'extrémité de la table, à côté l'un de l'autre. Ludger est en face du public ; un des bouts de la table est appuyé contre la porte de la tour.]

BATHILDE, [bas à son frère.]

S'il pouvait se griser !....

ELOI, [bas à sa sœur.]

Ça ne sera pas long, va, il est tout préparé d'hier au soir.

LUDGER.

Mettez vous donc là,... et buvez.... [il leur verse à boire;] il est bon... [il avale un grand coup] Eh bien ? qu'est-ce qu'il dit le prisonnier ?

ELOI.

Il dit qu'il s'ennuie.

LUDGER.

Pardi, je le crois bien.... il m'ennuie aussi,... ça me tient à l'attache,... et malgré tout l'argent qu'il me rapporte, je voudrais bien qu'on m'en débarrassât.... Ah ! il dit qu'il s'ennuie ?.... allons, allons,... qu'il se console, ça ne sera pas long,... dans deux ou trois heures il n'en dira pas autant.

BATHILDE, (vivement.)

Est-ce qu'il sera délivrée ?...

LUDGER, (froidement et avalant un verre de vin:

Il sera mort.

BATHILDE, [avec intérêt et demi bas à son frère.]

Mort., mon frère !

E

ELOI, (comme pour couvrir la voix de sa sœur et cacher à son père l'intérêt qu'elle prend au prisonnier, versant à boire à son père.)

Vous ne buvez pas mon père ?....

BATHILDE, [ayant peine à retenir ses pleurs.]

Et pourquoi est-ce que l'on veut le tuer ?

LUDGER.

Buvez et taisez-vous.... ça veut tout savoir.

CREQUI, [se levant avec fureur.]

J'ai pu braver le trépas, supporter mes malheurs.... mais ma femme, mon père, mon fils,.... mais leurs calamités !....
[Il retombe absorbé par la douleur.]

LUDGER, [à Eloi.]

Mais finis donc, toi,.... tu verses coup sur coup....

ELOI.

C'est qu'il est bon.

LUDGER, [commençant déjà a perdre la raison.]

Sûrement il est bon... mais encore... faut-il... de la modération... chantez moi donc quelque chose, vous autres... eh ! fille une petite chanson.

BATHILDE, chante.

Un jour Lisette allait aux champs
Tout frétillant, tout sautillant,
V'là qu'elle heurte par mégarde,
Le beau Colin qui la regarde.
Fillette n'faut pas heurter
L'amant qu'on n'veut pas écouter.

Colin lui dit gentille enfant
Tout frétillant, sautillant, babillant,
J'embrasse toujours, c'est mon usage,
Fille qui me heurte au passage
Fillette n'faut pas, etc.

LUDGER.

Qu'est-ce que tu me contes là toi avec ton frétillant, sautillant, babillant..... pardi v'là une belle chanson... fallait chanter.....

Que le tonnerre et ses éclats
Fassent dans les airs, leurs fracas,
En vain l'orage m'environne
Je n'y vois rien qui m'étonne,
Et je n'aurais un vrai chagrin
Que s'il faisait tourner mon vin.

Et là-dessus qu'on me verse à boire.

CREQUI

Heureux aux rives du jourdain
Qui percé du fer sarrazin,
A pu s'écrier comme moi,
Je meurs, mais j'ai sauvé mon roi.

LUDGER, (s'enivrant de plus en plus dit.)

C'est singulier comme je trouve le vin bon cette nuit....
verse tout plein.... et chantons en chorus.

(Ils chantent en trio, chacun leur couplet.)

LUDGER, (se versant à boire d'une main tremblante.)

Eh bien ! vous dites donc que, combien y a-t'il encore
de bouteillles ?

ELOI.

Vous achevez la dernière.

LUDGER.

Comment ? déjà quatre... c'est fort ça... non pas de les
avoir bues... mais de sentir... la tête qui me tourne.

(Il se laisse tomber sur la table la tête appuyée sur ses
deux bras.)

BATHILDE, (bas à son frère.)

Il va s'endormir...

ELOI, (bas à sa sœur.)

Paix donc !

CREQUI.

Adèle ! chère Adèle ! (son bras est entouré d'un brce-a
let de cheveux, il le regarde et le couvre de baisers) tissu
précieux que ses mains ont formé (il porte à son doigt un
anneau d'or) anneau, gage de fidélité, toi qu'à mon
départ je divisai pour elle et dont je dus lui raporter la
moitié; trésor que n'a pû m'arracher l'avarice des sarrazins....
vous me suivrez dans la tombe !

(Ludger est endormi, Eloi le tire par le bras.)

E 2

ELOI.

Mon père, mon père... dormez vous ?

BATHILDE, (de l'autre côté faisant de même.)

Mon père... est-ce que vous dormez ?

ELOI.

Il ronfle déjà.   (Tous deux parlent à voix basse.)

BATHILDE.

Eh bien ! qu'est-ce que nous ferons ?

ELOI.

Faut tâcher de délivrer le prisonnier.

BATHILDE.

Mais mon père se fâchera.

ELOI.

Au contraire, puisqu'il disait tout-à-l'heure qu'il serait bien aise qu'on l'en débarrassât.

BATHILDE.

T'as raison... mais comment s'y prendre ?

ELOI.

Faut détacher les clefs qui sont à la ceinture de not'père ; il ne veut pas que ça ait l'air de venir de lui ; mais quand ça sera fait, et qu'il n'y aura pas de sa faute... (Bathilde cherche à détacher les clefs de la ceinture de son père) vas doucement, bien doucement...

CREQUI.

Douce erreur du sommeil, combien tu m'avais trompé !...

BATHILDE, (en montrant les clefs fait un
                    léger bruit.

Je les tiens.

ELOI.

Ne fais donc pas de bruit.

CREQUI.

O vous que j'aime, je ne vous verrai plus.

BATHILDE, (à Eloi.)

Monte sur la table...

ELOI.

M'y voilà... (Il tâche d'ouvrir les serrures.)

Peux-tu ouvrir seul ?.. moi je ne puis pas t'aider.

ELOI.

J'ai bien de la peine...

CREQUI.

J'entends du bruit à la porte....

ELOI, (ayant ouvert une serrure.)

Et d'une....

CREQUI.

On n'a pas coutume de venir deux fois....

(Ludger toujours appuyé sur la table et la tête posée sur ses deux bras, fait un mouvement qui cause à Eloi un tressaillement marqué.)

(Eloi et Bathilde doivent pendant toute cette scène avoir l'air inquiets, agités, s'arrêtant à chaque instant, pour voir si leur père ne se réveille pas, et observer surtout de parler très-distinctement, mais à voix basse. Créqui seul ne se contraint point.)

BATHILDE, (à son frère en regardant Ludger.)

N'ai pas peur, il dort bien...

CREQUI.

C'est sans doute la mort que l'on m'apporte, et mes maux sont prêts à finir.

ELOI, (ouvrant la seconde serrure);

Et voilà l'autre.. (à sa sœur) pousse par dessous la table.

Ils ouvrent la porte en la poussant l'un par dessus la table, l'autre par dessous (Ludger est toujours endormi) elle cède enfin à leurs efforts, et s'ouvre en face de Raoul, qui demeure étonné, les bras tendus vers Eloi et Bathilde.

CREQUI.

Ciel ! que vois-je ?

BATHILDE, sous la table, faisant signe à Créqui de se taire.

Chût ! chût !

ELOI, sur la table de même que sa sœur.

Paix, silence....

Bathilde se releve doucement, Eloi saute légèrement à terre, ils s'avancent sur la pointe du pied jusqu'auprès de Créqui, en lui faisant signe de garder le silence.

ELOI et BATHILDE, *rapidement et à voix basse*

Sauvez-vous—bon prisonnier...

BATHILDE.

Voilà la porte ouverte...

ELOI.

Votre mort est jurée...

BATHILDE.

Au point du jour on doit venir ici.....

ELOI.

Vous n'avez qu'un moment..

BATHILDE.

Sauvez-vous...

CREQUI.

Eh! mes amis! quel dieu vous intéresse à mon sort.

ELOI.

La pitié...

BATHILDE.

L'amitié...

ELOI.

Votre malheur.

BATHILDE.

La bonté qui se peint dans vos traits.... Sauvez-vous.

ELOI, *en même tems que sa sœur.*

Sauvez-vous.

CREQUI.

Chers enfans !... vous oubliez les chaines qui me retiennent à ces murailles.

ELOI, *levant les bras et les laissant tomber.*

Ah mon dieu ! nous n'y avions pas pensé !...

BATHILDE, *élevant un peu la voix.*

Comment donc allons-nous faire ?

ELOI.

Paix donc !... paix donc !... les clefs sont à la ceinture de mon père.

BATHILDE.

Il dort..?

CREQUI.

Il peut se réveiller:

ELOI.

Oh ! non... un bon sommeil.. et puis:::

*Il fait le signe de qelqu'un qui porte un verre de vin
à sa bouché ; ensuite va prendre les clefs par dessous
la table. Bathilde , une main appuyée contre la porte,
observe les mouvemens de son père.*

CREQUI.

Juste Dieu , ta clémence a vu l'excès de mes malheurs,
et s'est laissé fléchir.

BATHILDE , *revenant vers Créqui.*

Faudra vous enfoncer dans la forêt , vous bien cacher:::
car elle est remplie des hommes d'armes de notre maître:::
(*à son frère*) les as-tu ?

ELOI , *qui revient.*

Les voilà (*il donne une clef a sa sœur*) toi ce cadenat-
ci , moi l'autre.

CREQUI , *pendant que les enfans ouvrent les cadenats de ses chaînes.*

O mon Dieu ! permets qu'un jour je puisse reconnaître
tant de générosité..... un aussi grand bienfait !

(*Les chaînes tombent.*)

Vous voilà libre... fuyez....

BATHILDE.

Souvenez-vous de Bathilde et d'Eloi qui ne vous ou-
blieront jamais.

CREQUI , *les embrassant.*

Êtres célestes !:. ah... vous vivrez à jamais dans mon
cœur.;. un jour, peut-être... mais que fais-je !.., eh ! mes
amis !... votre père ; ma fuite l'expose peut-être à toute
la vengeance de mes tyrans... peut-être leur fureur... non ,
non je ne puis accepter un bienfait que peut-être il payerait
de sa vie.

BATHIDEL , *effrayée.*

De sa vie... juste ciel !

ELOI, *vivement.*

Passe si on lui avait confié la garde du petit Craon qu'ils ont fait prisonnier, et que je l'eussions laissé s'échapper... mais vous... vous n'êtes pas un Créqui.

CREQUI, *avec le plus vif intérêt.*

Le jeune Craon... prisonnier ?... de Baudouin ?...

BATHILDE.

Jusqu'à ce que la châtelaine ait épousé notre maître.

ELOI.

Et si elle ne s'y détermine pas cette nuit.... demain c'est fait du pauvre petit....

CREQUI, *avec la plus grande vivacité.*

Oui j'accepte vos offres.... ô Dieu ne permets pas que le crime s'acheve !

ELOI, *aidant Créqui à monter sur la table par dessus laquelle il faut qu'il passe pour sortir.*

Montez... doucement.... point de bruit....

Ludger fait un mouvement, ils s'arrêtent tous effrayés ; Bathilde a déja passé par dessous la table et elle tend la main à Créqui, qui est prêt à enjamber par dessus le corps de Ludger. Eloi, encore dans la tour, le soutient, et ils restent tous en attitude à l'instant où Ludger se remue. Bathilde, une main tendue vers Créqui ; Créqui appuyé d'un côté sur la main d'Eloi, la jambe en l'air, et Eloi dans la position où il était en soutenant Créqui.

ELOI.

Non, non.... donne lui la main.... du courage.

Créqui enjambe par dessus Ludger, saute à terre, Eloi traverse de même, et dit à sa sœur en même tems.

Ouvre la porte, ouvre,....

BATHILDE, *ouvrant la porte qui est censée donner sur le grand chemin,*

La voilà !

Tous

Tous deux à Créqui.

Sortez, fuyez, courez,...

CREQUI, (*levant les bras au ciel.*)

Grand Dieu ! protége moi !

(*Il sort.*)

SCENE VII.

ELOI, BATHILDE, LUDGER

toujours endormi.

Finale.

Les deux enfans tombent chacun sur un escabeau et portent la main sur leur cœur.

BATHILDE.	ELOI.
	Il est parti
Le cœur me bat	Remettons tout en bon état.
Rassure ta sœur mon cher frère ;	
Ah ! que je tremble pour mon père,	
Sans doute on va venir	Tout va se découvrir,
Un mot va nous confondre !	Que dire et que répondre ?
BATHILDE.	**ELOI.**
Voilà déjà le jour qui luit ;	
N'entends-tu pas du bruit ?	Oui je crois, j'entends du bruit ;
Ah ! sur mon cœur un fardeau pese.	
Comme un mot peut nous	Jette toi là sur cette chaise ;
confondre.	Pour dormir faisons nos efforts,
Ne faut jamais répondre.	
	Je dors, je dors, je dors.
Je dors	On te dira Bathilde
On va te dire, Eloi.	Je dors.

SOLDATS, *dans la coulisse d'abord et ensuite sur la scène.*

Réveillez-vous gens de céans,

Réveillez-vous, il en est temps,

Voici déjà l'aurore,

Peut-on dormir encore ?

F

SOLDATS.
Ludger.
Eloi.

Bathilde.

Quoi tout résiste à nos efforts ?
Il n'est plus temps que l'on sommeille.
Allons qu'on se réveille,
Entendez-vous, entendez-vous ?

Il ne faut pas qu'on nous retarde,
L'homme commis à votre garde
Rendez-le nous, rendez-le nous.

Ah ! comme le bon homme est ivre ! Donnez-vous la peine de me suivre,
Il vous attend impatiemment.

LES ENFANS.
Comme je tremble, ah ! quel moment.

LES SOLDATS.
Où donc est-il le prisonnier ?
Traitre, réponds ?
Le prisonnier qu'on cherche ici
C'était Créqui, c'était Créqui.

LUGER.
Je dors.

ELOI.
Je dors.

BATHILDE.
Je dors.

LUDGER.
Que voulez-vous, que voulez-vous ?

Oh ! c'est facile à comprendre
Comme je l'ai pris il faut le rendre,
C'est juste ça, j'ai deviné

LUDGER.
C'est singulier.
Voilà toujours ses chaines,
Peut-être qu'avec un peu de peine,
Nous trouverons le prisonnier.

SOLDATS.
Ah traitre ! c'est l'arrêt de ta mort,
Tu l'as fait évader

LUDGER.
Puisque j'avais fermé la porte,
Comment voulez-vous donc qu'il sorte ?

LES ENFANS.
Qu'avons-nous fait, hélas !
Quelle imprudence, il faut parler,
Il faut tout révéler.

SOLDATS.
Et nous souffrirons cette insolence,
Tu vas périr.

LUDGER,
Le prisonnier n'a pu sortir;
Mais ayez donc un peu d'patience.

LUDGER.
Voilà les clefs,

SOLDATS.
Non tu mourras,
Tu périras,
C'est l'arrêt de ta mort,
Voilà, voilà ton sort,

LUDGER ET LES ENFANS.
O ciel! quel triste sort,

Fin du second Acte.

ACTE III.

Le théâtre eprésente une épisse forêt, qui s'éclairoit légérement en gagnant une montagne que l'on apperçoit daus l'enfoncement. Elle est ombragée d'arbres à travers lesquels il est possible de passer et d'agir. Vers l'aîle gauche du théâtre est une caverne taillée dans le roc. Sur une grosse pierre qui servait à en fermir l'entrée, est assis le eune Caon pieds et mains liés et des soldats endormis ganissent l'autre côté de la scéns. Le jour commence a paraître.

SCENE I.

Le jeune CRAON, assis et garotté.

Cest donc ici qu'il faut attendre la mort !... environné de soldats à qui l'ordre est donné de m'arracher la vie, si le soleil se lève et ne voit point ma mère enchaîné pour jamais à son persécuteur ; chaque instant, hélas ! me conduit au terme de mes jours.... ces gardes inhumains... ils sont ensévelis dans un profoud sommeil.... je pourrais fuir, leur échapper, et des liens cruels.... tout est fini pour moi.

ROMANCE.

Une lumiére vive et pure,
Va de la nuit chasser l'horreur :
Tout s'anime dans la nature
Tout ici me peint mon malheur,

F 2

Ces oiseaux qu'éveille l'aurore,
Ces oiseaux doucement émus,
Ils chanteront demain encore
Mais je ne les entendrai plus.

Objet de l'amour la plus pure,
Toi qui partages mon malheur;
Toi qui reçus de la nature,
Tant de droits si chers à mon cœur;
O ma mère, une douce aurore
Luit à mes regards éperdus :
Elle naîtra demain encore,
Mais ton fils ne la verra plus.

Ma mère. ma tendre mère ! recevez mes adieux ! ô
ma mère ! ne m'oubliez jamais.

S C E N E II.

CREQUI, *paraissant a travers les arbres.* CRAON enchaîné. SOLDATS *endormis.*

C R E Q U I.

Quels accens plaintifs ont frappé mon oreille ?

C R A O N.

Puisse le ciel ajouter à vos jours ceux qu'un destin plus
doux paraissait me promettre.

C R E Q U I.

Quel sentiment inconnu m'agite,.... cette voix....

C R A O N

Toi qui ne me survivras pas, vieillard chéri, soutien
de mon enfance, ton fils ne te pressera plus dans ses bras....
Adieu mon père, Adieu....

C R E Q U I.

Tout mon sang s'est ému,.... mon cœur palpite;.. il s'é-
... ... infortuné,.... sans doute il a besoin de secours...;
... ... m'être funeste, dût-elle me livrer à mes en-
... ... avant de mourir sauvons du moins un
malheureux.

CRAON

Quel bruit se fait entendre .. on s'avance vers moi... on me cherche.. il faut mourir.

Créqui se trouvant près de la caverne , est apperçu par Craon qui tombe à ses genoux.

O qui qu' vous soyez, ayez pitié de moi... je ne vous ai jamais offensé.

CRÉQUI.

Un enfant chargé de liens.... environné de soldats... (*Il défic les cordes qui l'attache*) qui es-tu, jeune infortuné ?... serais-tu le fils de Créqui ? est-tu Craon ?

CRAON, *effrayé de la vivacité de ses paroles et de son action.*

Non !... non... non... ah ne me tuez pas, ne me tuez pas...

CRÉQUI, *avec douleur.*

Ce n'est pas lui... n'importe, sois libre... qui te réduit dans cet affreux état ? pourquoi ces soldats que je vois, autour de toi ? en veut-on à tes jours ?

━━━━━━━━━━━━━━━━━━━━━━

SCENE III.

Les précédens , LAUDRI , à la tête d'une troupe de paysans armés.

Les soldats sont endormis. Créqui et le jeune Craon sont à l'entrée de la caverne. Craon allait répondre , il en est empéché par le bruit qu'il entend. Tous deux prétent l'oreille avec inquiétude. Laudri a la tête de sa troupe s'avance lentement au milieu des arbres , à travers les broussailles , le corps courbé , cherchant à se cacher et s'arrétant à chaque pas.

CHOEUR.

LAUDRI seul.

Observons un profond silence ;
Taisons-nous tous, chût, point de bruit ;
Que chacun lentement s'avance,
Suivez la voix qui vous conduit.

CRAON ET CREQUI.

Dans ces bois , amis l'on s'avance ,
Taisons nous biens, chut, point de bruit
Observons un profond silence ,
Ne fuis pas secourable nuit

CRÉQUI, *seul.*

Aimable et faible créature ,
Fuis dans cette caverne obscure ,
Echape au péril , cache toi ,
Laisse les dangers pour moi.

CRAON.

Hélas ! ami , ma perte est sûre ;
Mais ton courage me rassure ,
Au péril te livrer pour moi !
Qu'au moins je meurs près de toi.

LAUDRI , *et paysans.*

Ve vois-tu pas là bas ,
Ne vois-tu pas quelques soldats ?
Prenons par cette route obscure ,
Amis notre vengeance est sûre.
J'ai reçu vos vœux et votre foi ,
Vous devez mourir avec moi.

LAUDRI , *à Crequi.*

Que fais - tu là ?
Il répondra , il parlera.

CRÉQUI.

Qui cherche-tu , que me veux-tu ?

LES PAYSANS.

Il nous est inconnu !

LAUDRI.

Es-tu l'ami de ces soldats ?
Tu répondras , tu parleras.
Qu'as-tu fait réponds-nous , brigand ,
De ton captif, du faible enfant ?

CRÉQUI.

Le cherchez - vous pour l'immoler ?

LAUDRI.

Nous le cherchons pour le sauver;

CRÉQUI:

Il est sauvé.
Je l'ai trouvé.
Des mains de ces soldats,
Des horreurs du trépas,
Des coups affreux de la vengeance,
J'ai sauvé son enfance.
Amis, armez mon bras,
Heureux de trouver le trépas,
En sauvant l'innocence,

Protégez sa faible enfance
Loin de ces lieux guidez ses pas ;
Puis libre dans notre vengeance
Frappons ces perfides soldats.
Marchons, avançons,
Vengeons le sang des Créqui.

LES SOLDATS.

Aux armes, c'est l'ennemi,
Il est ici, c'est l'ennemi.

(Ils s'élancent sur les soldats de Baudouin, le combat s'engage, et se passe un moment sous les yeux des spectateurs. Mais bientôt les soldats sont repoussés et on les perd de vue ainsi que les paysans).

SCENE IV.

ADELE, échevelée et dans le plus grand désordre; GÉRARD, soutenu par quelques vieillards et par des enfans ; de vieilles paysannes qui aident Adèle à marcher.

ADELE.

Arrêtons nous ici ... je ne puis aller plus loin ... mes forces m'abandonnent (elle tombe sur la pierre qui est censée clore la caverne) C'est ici que mon sort doit finir.

GÉRARD.

O ma fille ! ranime ton courage ... le généreux Renti combat pour notre défense, le ciel protégera ses armes.

ADELE.

Renti s'est vainement armé pour nous sauver ... ses secours

arrivent trop tard... mon fils n'est plus... je l'ai perdu... que m'importe la vie... fuyez mon père, fuyez... chers amis... entrainez le...

GÉRARD.

Moi te quitter!

ADELE.

Renti sucombe... Baudouin est vainqueur... Baudouin va nous poursuivre, conservez vos jours et laissez moi périr.

GÉRARD.

Hier plus forte que tes malheurs, tu défiais la fortune, tu consentais à vivre.

ADELE.

Ah ! j'étais mère alors.

SCENE v.

Les précédens. CRAON, *qui ne peut être vu que par le public.*

CRAON.

Quels accens !

GÉRARD.

Ton fils respire encore, conserve toi pour lui.

ADELE.

Non, non, il a péri.

CRAON, *sortant de la caverne et s'élançant entre les bras d'Adèle.*

Ma mère !

ADELE, *avec un cri de joie.*

Le voilà.

GERARD

Juste dieu !

ADELE.

C'est toi que je tiens dans mes bras, tu vis.... je te revois !...

GERARD.

O mon fils ! quelle main t'a sauvé ?

CRAON.

CRAON.

Ici... chargé de liens... entouré d'hommes armés...
j'attendais la mort, et je vous appelais à mon heure dernière.. un homme... un inconnu..., un dieu se présente...
mes gardes s'étaient livrés au sommeil... cet inconnu brise
mes liens, me presse contre son cœur, me baigne de ses
larmes, et me force à me réfugier dans cet antre... bientôt
j'entends sa voix, il crie aux armes ! des accens tumul-
tueux retentissent de toutes parts.... on se mêle, on
combat....

On entend un bruit de guerre pendant lequel Créqui
traverse la montagne à la tête des soldats ; on voit
dans le lointain des partis qui se combattent.

Le voilà... regardez... sur la montagne... ici... dans
l'épaisseur du bois. (*Créqui paraît dans l'éloignement*).
Voyez mon libérateur... c'est lui dont le glaive renverse tout
ce qui s'oppose à sa fureur... le voilà ! c'est lui...

GÉRARD, ADELE, CRAON, *se jettent à genoux*
pendant le combat et chantent le Trio suivant.

TRIO.

Sois notre appui, Dieu que j'implore ;
Veille sur lui dieu que j'adore.
Quoi de tous cotés le ravage
Poursuit nos pas.
Par-tout nous trouvons le carnage,
Par-tout l'horreur et le trépas.

Héros qui prend notre défense,
Et combat pour notre intérêt ;
Guerrier, d'un tel bienfait,
Dans ton cœur est la récompense;
Grand dieu veille sur lui,
Signale ton appui.

C

SCENE VI.

Les précédens. CRÉQUI *à la tête d'un parti de paysans armés.*

CRÉQUI, *à ceux qui l'environnent.*

CET enfant m'inquiète..., s'il était retombé au pouvoir de Baudouin. Suivez-moi dans cette caverne.

Il apperçoit Gérard, Adèle et Craon ; il s'arrête, les regarde, s'écrie, et tombe dans les bras de quelques paysans.)

Les voilà, ô mon dieu !

ADELE, *courant à lui.*

Il est blessé, sans doute,.... ô vous qui sans nous connaître avez osé prendre notre défense .... seriez-vous blessé ?

CRÉQUI, *se ranimant par degré*

Rassurez-vous, mon sang n'a point coulé.... mais lorsqu'après tant d'infortunes,... ah ! le voilà cet enfant que ces lâches,...,

GERARD.

Qui est ce brave guerrier ?

ADELE.

Qui êtes-vous, parlez ?

CRÉQUI.

Le plus heureux des hommes,.... et cette nuit j'en étais le plus infortuné.

CRAON.

Vous pleurez, et pourquoi pleurez-vous, environné des heureux que vous avez fait ?

CRÉQUI.

Cet enfant,..., quel est-il ? vous appartient-il ?

GERARD, *vivement.*

Tu ne le connais pas !

A D E L E.

C'est l'unique bien d'une mère, d'une épouse infortunée.

G E R A R D.

Le seul espoir d'un malheureux vieillard... cet enfant que tu as délivré, mon ami... sais-tu bien que c'est le fils du brave Raoul de Créqui.

Créqui élève avec transport Craon entre ses bras, et l'embrasse à plusieurs reprises.

A D E L E.

D'un époux adoré.

G E R A R D.

De mon fils, de mon bien aimé.

C R E Q U I *baise avec ivresse la main d'Adèle, et tombe aux pieds de Gérard.* (*à sa femme.*)

D'un époux adoré! (*à son père*) de votre bien aimé!

G E R A R D.

Lève-toi, mon ami, lève-toi... c'est devant dieu seul... ou devant un père, que, sans s'humilier on peut ployer les genoux.

C R E Q U I, *à son père et à sa femme, en leur prenant la main.*

Vous n'avez point oublié Créqui?... quoi! vous l'aimez encore?

A D E L E, *avec explosion.*

Mon père, il a connu Créqui!...

C R E Q U I.

Né dans ces lieux, j'y fus élevé... (*à sa femme*) vous même quelquefois daignâtes m'y sourire...

G E R A R D.

Mon fils avait le même son de voix...

A D E L E.

Oui... cette voix qui arrivait si facilement au cœur... mon père, tel était son maintien... et ne distinguez-vous pas des traits... mes genoux fléchissent... les forces m'abandonnent... mais non, ce n'est pas lui... j'ai pu survivre à l'excès du

malheur , je ne survivrai pas à l'excès de ma joie... ah !
dites ,.. continuez ... parlez-moi de Créqui.

CREQUI.

Je vous vis recevoir de lui un anneau divisé.

ADELE , *montrant à son doigt la moitié de cet
anneau.*

La voilà cette moitié si chère... que ne rejoindra jamais
celle que la tombe engloutit evec lui.

CREQUI.

Non , madame , il n'a point péri...

ADELE,

Juste dieu !

GERARD.

Que dis-tu ?

CRAON.

Mon père vit encore ?

CREQUI.

Il est libre... vous l'allez voir paraître... mais vous avez
surmonté l'infortune , promettez-moi.

ADELE.

Mon fils ; approche..... regarde.... voyez mon père.... il
était ainsi , voilà ses yeux , quand il les attachait sur moi.

CREQUI *presse Gérard contre son cœur.*

GERARD.

Voilà comme il me pressait entre ses bras.

CREQUI *tire de son sein et baise à plusieurs reprises
le tissu de cheveux qu'il a reçu d'Adèle.*

ADELE.

Que tenez-vous là ?

CREQUI.

Les seuls biens qu'on n'a pu me ravir.

GERARD , *vivement.*

Un bracelet....

CREQUI , *se précipitant aux genoux d'Adèle,*

Et l'anneau précieux...

ADELE, *s'élançant vers Créqui.*

C'est Raoul.

GERARD.

Ah mon fils.

CREQUI.

Ah mon père.

Quatuor et Chœur.

C'est lui , bonheur inattendu
C'est lui , le ciel nous l'a rendu.

CREQUI.

Eh quoi tu me reconnaitrais
Défiguré par le malheur !

ADELE.

Il peut avoir changé tes traits
Mais il n'a pas changé mon cœur.

LA HIRE, *qui entre.*

C'est vous ô mon cher maître ,
Oui devant vous tout va plier ;
Renti vous a vengé d'un traître
Baudouin est prisonnier.

BATHILDE et ELOI.

Des soldats ont pris not'père,
On l'accuse, on veut l'punir ,
Vous êtes honnête homm' j'espère
Pas vrai vous allez revenir.

LAUDRI, *à la tête des paysans qui conduisent des
soldats de Baudouin prisonniers , et Ludger.*

Votre interêt ô mon cher maître
Lui seul nous a rendus guerriers;
Regardez ces soldats d'un traître
Vaincus par nous et prisonniers.

Tous.

O jour heureux ! ô jour prospère !
La vie encore leur sera chère ;
Entre ses bras il tient son fils.
Tous nos malheurs sont finis.

LAUDRI.

Nous avons renversé la tour funeste où Baudouin renfermait ses captifs... voilà les soldats qui la défendaient, et voilà le coquin qui en avait les clefs.

CREQUI.

C'est le geolier de ma prison.

LUDGER.

Eh ! mon dieu, oui ; c'est moi-méme... vous devez m'en vouloir...

BATHILDE, *se jetant aux genoux de Créqui.*

Monseigneur, si not' père vous a fait du mal...

ELOI, *de même.*

Je vous ons fait autant de bien que j'ons pu.

BATHILDE.

Faut tâcher que l'un...

ELOI.

Fasse passer l'autre.

CREQUI, *les relevant.*

Non, mes enfans, je n'oublierai jamais que je vous dois ma liberté... (*à Ludger*) sois libre, reste fidèle à tes maitres, si tu crois que ton devoir t'y contraint... sinon demeure auprès de moi avec tes enfans. J'aurai soin d'eux et de toi... et ne te ferai jamais servir à persécuter l'innocence.

LUDGER.

Oh bien, en ce cas là... je reste ici...

LAUDRI, *à Créqui.*

Retournons au château... venez ordonner du sort de Baudouin, vous devez le punir, vous venger, le livrer...

CREQUI, *noblement.*

A ses remords... ou au désespoir d'un crime infructueux, c'est pour l'homme pervers le plus grand des supplices.

Chœur général.

O jour heureux mille fois
Jour d'ivresse,
Jour d'alégresse ;
Unissons nos cœurs, nos voix,

Chantons le fortuné retour
D'un guerrier fidèle à l'amour.
Fidèle à son prince, ainsi qu'à sa belle,
Chantons le retour de ce guerrier fidèle.
Chantons le fortuné retour
D'un héros fidèle à l'amour.

F I N.

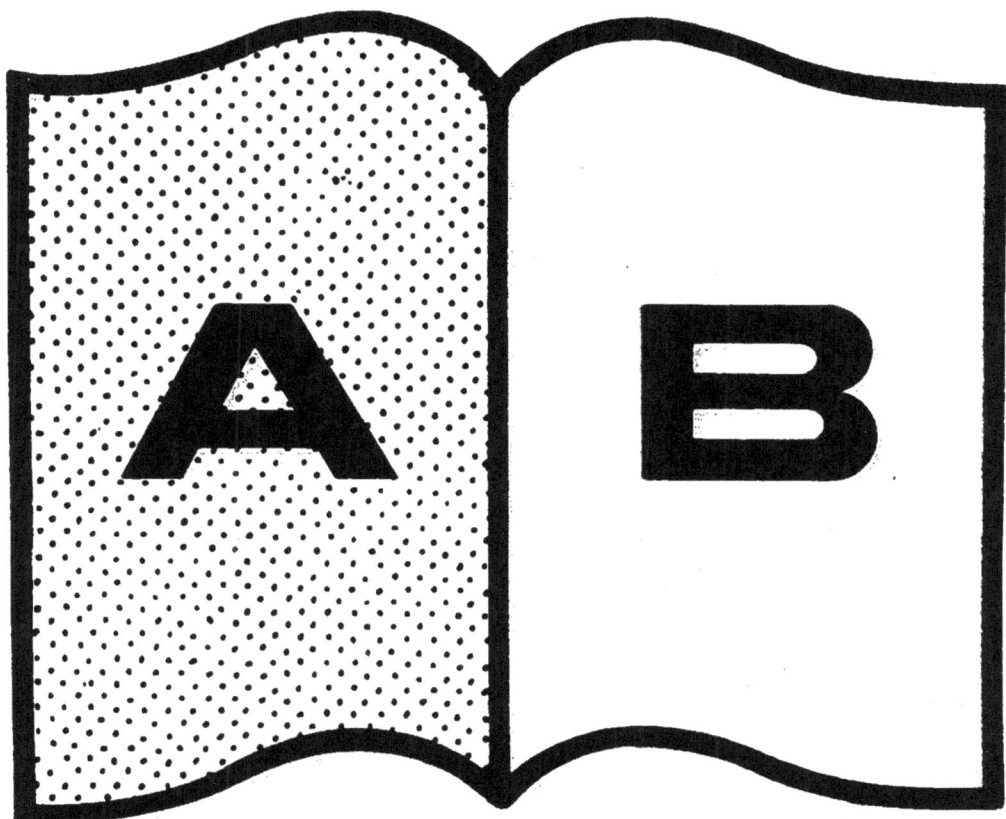

Contraste insuffisant

NF Z 43-120-14

www.ingramcontent.com/pod-product-compliance
Lightning Source LLC
LaVergne TN
LVHW022153080426
835511LV00008B/1372